Mohammed Slaoui

La santé grâce à l'alimentation et une bonne hygiène de vie

Mohammed Slaoui

La santé grâce à l'alimentation et une bonne hygiène de vie

Domaines abordés à la lumière de l'Islam

Bloggingbooks

Impressum / Mentions légales
Bibliografische Information der Deutschen Nationalbibliothek: Die Deutsche Nationalbibliothek verzeichnet diese Publikation in der Deutschen Nationalbibliografie; detaillierte bibliografische Daten sind im Internet über http://dnb.d-nb.de abrufbar.
Alle in diesem Buch genannten Marken und Produktnamen unterliegen warenzeichen-, marken- oder patentrechtlichem Schutz bzw. sind Warenzeichen oder eingetragene Warenzeichen der jeweiligen Inhaber. Die Wiedergabe von Marken, Produktnamen, Gebrauchsnamen, Handelsnamen, Warenbezeichnungen u.s.w. in diesem Werk berechtigt auch ohne besondere Kennzeichnung nicht zu der Annahme, dass solche Namen im Sinne der Warenzeichen- und Markenschutzgesetzgebung als frei zu betrachten wären und daher von jedermann benutzt werden dürften.

Information bibliographique publiée par la Deutsche Nationalbibliothek: La Deutsche Nationalbibliothek inscrit cette publication à la Deutsche Nationalbibliografie; des données bibliographiques détaillées sont disponibles sur internet à l'adresse http://dnb.d-nb.de.
Toutes marques et noms de produits mentionnés dans ce livre demeurent sous la protection des marques, des marques déposées et des brevets, et sont des marques ou des marques déposées de leurs détenteurs respectifs. L'utilisation des marques, noms de produits, noms communs, noms commerciaux, descriptions de produits, etc, même sans qu'ils soient mentionnés de façon particulière dans ce livre ne signifie en aucune façon que ces noms peuvent être utilisés sans restriction à l'égard de la législation pour la protection des marques et des marques déposées et pourraient donc être utilisés par quiconque.

Coverbild / Photo de couverture: www.ingimage.com

Verlag / Editeur:
Bloggingbooks
ist ein Imprint der / est une marque déposée de
OmniScriptum GmbH & Co. KG
Heinrich-Böcking-Str. 6-8, 66121 Saarbrücken, Deutschland / Germany
Email: info@bloggingbooks.de

Herstellung: siehe letzte Seite /
Impression: voir la dernière page
ISBN: 978-3-8417-7438-5

Copyright / Droit d'auteur © 2014 OmniScriptum GmbH & Co. KG
Alle Rechte vorbehalten. / Tous droits réservés. Saarbrücken 2014

Tables de matières

Introduction	2
Chapitre I : L'hygiène de vie	5
Chapitre II: Les bonnes habitudes	13
Chapitre III : L'alimentation et santé	18
Chapitre IV : Les bienfaits des aliments des aliments sur l'organisme	24
Conclusion	59

Introduction:

Nous parlerons dans ce livre de l'hygiène de vie, qui comprend les pratiques qui visent à préserver la santé, et les gestes quotidiens qui vont avec, car le corps humain a besoin d'être entretenu du lever au coucher.

Les bonnes habitudes physiques, alimentaires et comportementales comptent aussi pour la santé de notre organisme. Des habitudes aussi simple que dormir suffisamment, faire du sport ou tout simplement effectuer de la marche quotidiennement font partie d'une bonne hygiène de vie. De même, éviter l'alcool, le tabac et toute forme d'excès, même alimentaire, permet à notre corps de rester en bonne santé, et augmente notre bien-être et notre espérance de vie.

Une alimentation saine et équilibrée est le premier facteur d'un bon entretien du corps humain , auquel elle permet de mieux fonctionner, elle permet même de le protéger ou de le guérir en cas de maladie. Par contre, l'excès d'alimentation, même si elle est de qualité, ne peut que nuire à la santé.

Nous parlerons aussi du jeûne, qui peut devenir un moyen de thérapie.

L'alimentation, que se soit par le biais des aliments ou des plantes, a été utilisée par les anciens pour se soigner. D'ailleurs, c'était leur seule manière de traiter les maladies, ou tout simplement de faire de la prévention.

Nous avons cité dans ce livre des hadiths du Prophète de l'Islam Mohammed en relation, soit avec certains aliments, soit avec les plantes. Cela peut paraître paradoxal pour la plupart des non-musulmans, mais les musulmans , quant à eux, savent depuis toujours que beaucoup des récentes découvertes de la médecine étaient déjà connues par leurs prédécesseurs, à des degrés évidemment différents, et cela grâce aux révélations du Saint Coran et de la tradition prophétique. Nous verrons cela de manière plus détaillée, plus loin.

Le principal intérêt que nous avons eu à rédiger cet ouvrage était de montrer un aspect trop méconnu de l'Islam : sa parfaite cohérence avec le progrès scientifique, et son apport essentiel à la santé psychique et physique de l'être humain, et cela depuis plus de quatorze siècles !

Chapitre I

L'hygiène de vie

L'hygiène de vie est l'ensemble des manières qu'on adopte quotidiennement pour entretenir son corps. La propreté en fait partie, et surtout la propreté des mains qui est la première base.

Le lavage des mains :

Les mains sont nos utiles pour toucher, prendre, travailler, et réaliser beaucoup de choses. A ce titre, elles sont au contact du monde extérieur, et part conséquent elles se salissent et deviennent un vecteur pour la transmission des bactéries et des microbes. Certaines salissures sont visibles à l'œil nu , mais d'autres ne le sont pas.

C'est pour cette raison que le lavage des mains reste la solution la plus radicale pour avoir des mains propres pour un moment.

Donc, pour assurer cette continuité, il faut se laver les mains dans les cas suivant :

Quand on se lève le matin

Après chaque passage aux toilettes, ou après s'être mouché

Avant de passer à table, et après avoir terminé son repas

Lorsqu'on rentre chez soi

Avant d'effectuer n'importe quel geste qui demande de la propreté.

L'adoption de tels gestes permet d'avoir une bonne base d'hygiène de vie sur laquelle on construit le reste.

L'hygiène bucco-dentaire au quotidien :

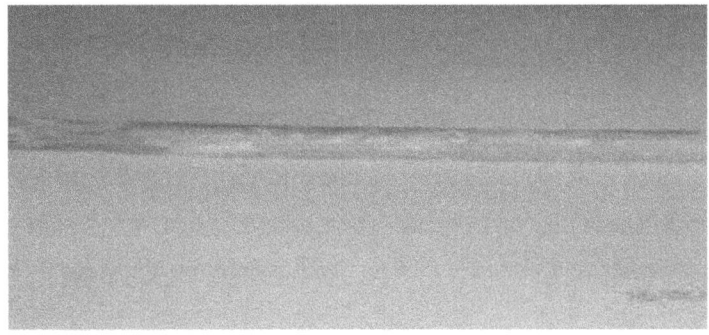

Elle est très importante, car la santé bucco-dentaire de la personne en dépend. Beaucoup de personnes négligent ce principe et la conséquence est un état de dentition déplorable. Par ailleurs, une grande majorité de personnes se trouvent dans l'incapacité d'effectuer des soins, car ils sont chers et ne sont pas remboursés dans de nombreux pays. Même les couronnes et les bridges, qui sont remboursés dans les pays européens, coûtent très cher et la différence qui reste à la charge des patients est tellement élevée qu'elle pousse ces derniers à y renoncer.

L'hygiène bucco-dentaire reste un atout pour ne pas en arriver là. Dans ce sens le Prophète de l'Islam, Mohammed, que le salut et la bénédiction soient sur lui, a évoqué ce sujet dans plusieurs hadiths pour signaler l'importance de cette pratique quotidienne. Dans un hadith, il a dit : « Si je ne craignais de surcharger ma communauté, je leur ordonnerais d'utiliser le siwak lors des ablutions » Rapporté par Ibn Mâja.

Dans le même sens, il a dit : « Si ce n'eût été trop imposer à ma communauté, je leur aurais ordonné de faire usage du siwak avant chaque prière ». Rapporté par Mouslim. Dans un autre, il a encore dit : « Le siwak purifie la bouche et satisfait le Seigneur ». Rapporté par Ibn Khouzeyma.

Tout cela démontre la valeur de la santé bucco-dentaire pour la personne, ainsi que pour son entourage d'un point de vue esthétique. Notons enfin qu'il n'y a aucune contradiction entre le siwak et la brosse à dents et le dentifrice. Au contraire, ils sont complémentaires pour une hygiène renforcée.

Le cure dent ou le siawak :
Le cure dent oud Al arak provient de l'arbuste Salvadora persica ou en arabe Al Arak. Il pousse au moyen orient, en Inde et en Afrique. Cet arbuste est appelé aussi siwak par les Arabes. De la racine de ce siwak on obtient un bout de bois qui s'appelle aussi Oud Al Arak. Ce dernier contient des tanins, des saponines, des flavonoïdes, des stéroïdes, du fluor, du souffre, de la vitamine C, ainsi que de nombreux minéraux, le phosphore, le calcium et surtout le silicium.

Les bienfaits du siwak :
Une utilisation régulière du cure dent siwak permet d'avoir les actions suivantes :

- Il évite la carie.

- Il fortifie les gencives et arrête les saignement, et a donc une action d'astringent, pour ceux qui en souffrent.
- Il blanchit les dents et enlève la couleur jaune.
- Il élimine la mauvaise haleine.
- Il facilite la digestion.

Utilisez-le et vous constaterez tout cela par vous même.

Son utilisation :

Il est simple à utiliser : il suffit de tailler un petit peu la tête du bâtonnet pour découvrir les racines et les mâchouiller. Puis frottez avec les dents, massez les gencives, et passez le sur la langue. Au fur et à mesure de son utilisation, il faut couper les anciennes racines qui deviennent inefficaces et le tailler pour faire apparaître de nouvelles racines, et ainsi de suite.

Le cure dent peut être utilisé à n'importe quel moment de la journée et à n'importe où, comme lors des voyages, ou quand on mange dehors.
Il est encore plus pratique pour les personnes alitées, ou grabataires, ou en fin de vie en raison de sa commodité.

Son prix :

Il n'est pas cher. Par exemple au Maroc un bâtonnet de cure dent coûte 2 DH, c'est l'équivalent de 0,20 euros. Donc si vous avez l'occasion de vous y rendre, profitez en pour en acheter une grande quantité. Ici en France, il coûte en moyenne 2 euros dans les boutiques orientales ou dans les bazars. Vous pouvez aussi le trouver dans les magasins bio, mais là son prix peut facilement atteindre 7,5 euros.

Enfin, pour des raisons d'hygiène, quand vous êtes dehors mettez-le dans un morceau de tissu propre et quand vous êtes chez vous, sortez-le et laissez-le dans un endroit frais et sec.

L'hygiène corporelle :

Effectuer sa toilette chaque jour, ou sa douche dès le lever fait partie de l'hygiène corporelle. Sa réalisation permet en plus d'assurer le confort physique, psychologique et environnemental de la personne.

Grâce à cette action, on se débarrasse des choses suivantes :

des crasses,
des restes des urines et des selles,
du reste des cellules mortes,
de la sueur et de la macération,
des mauvaises odeurs.
Après la toilette, on se sent bien et on a une bonne image de soi, ce qui permet de bien commencer sa journée.

Quant à l'accomplissement de cette hygiène corporelle, il vaut mieux commencer du plus propre au plus sale, et utiliser un savon doux pour le corps, et rincer abondamment pour ne pas laisser les traces de la mousse.

Le stress, le mal du siècle:

Définition :
Le stress est un terme, qui reste très vague, et qui désigne les tensions en général, et en particulier les agressions psychiques liés à la vie actuelle.

La différence entre le stress et le trac :
Rappelons que le trac est un stress important, mais juste passager, comme le cas d'un examen ou affronter le public pour la première fois.

Particularités de stress :
Le stress se manifeste par des réactions émotionnelles, comme par exemple : l'élévation de la pression artérielle et la tachycardie. Le sommeil aussi peut être perturbé par le stress.

C'est donc un phénomène de non adaptation à une situation qui entraîne un déséquilibre des grands fonctions de l'organisme.

Causes du stress :
La vie actuelle nous demande de réaliser beaucoup de choses à la fois : dès le matin on arrête pas, et on arrive à la fin de la journée et on nous reste pas mal de choses à faire. Souvent on se couche tard, et on a pas accompli ce qui nous reste à faire, avec l'idée que le lendemain on aura de la pression un peu partout.

Dans ce domaine, les femmes souffrent plus que les hommes, car le matin on déposant les enfants à l'école en bas âge, elle culpabilisent en les laissant pleurer ; elles pensent souvent à l'idée au cas où les petits tombent malades et qu'il n'ait personnes pour les garder.

En la matière, les femmes vivant seules avec des enfants sont les plus exposées au stress, car en plus des problèmes qu'on a cités plus haut, il y a la réalisation des courses, l'entretien de la maison et la préparation des repas, sans qu'elles puissent compter sur personne.

Il y a aussi les embouteillages qui font partie de notre civilisation moderne, et que pas mal d'entre nous ne les supportent plus.
Rappelons aussi, que certaines personnes font des métiers pas pour conviction, mais juste pour gagner un salaire afin de pouvoir payer les factures et vivre jusqu'à la fin du mois.

Comment se débarrasser du stress ?

Tout d'abord, essayez de trouver les causes exactes du stress, et cela dans le but de trouver une solution adéquate. Par exemple, changez de lieu de travail si celui-là est trop loin pour vous, à condition d'en trouver un facilement. l'autre solution, c'est de vous rapprocher tout simplement de votre lieu de travail. Que ce soit l'une ou l'autre solution, ce ne pourrait qu'être bénéfique pour vous, ainsi que pour votre famille.

Si vous n'arrivez pas à trouver l'une des solutions, organisez-vous de telle sorte que vous puissiez sortir tôt de chez vous, afin d'éviter les bouchons de la circulation.

Et dans le cas où vous n'aimiez pas ou plutôt vous n'aimiez plus votre travail, essayez de faire le tour de la question de manière à trouver une issue favorable. Par exemple, vous pouvez songer à une reconversion ou une formation ; puisque la vie professionnelle ne devrait pas rester figée jusqu'à la retraite, et il n' y a pas d'âge pour se former et apprendre de nouvelles choses.

Ensuite, si malgré vos efforts vous n'y arrivez pas à trouver une sortie de crise, je vous conseille de voir cela avec votre médecin. Si celui-ci n'est pas à votre écoute, changez-le, car un bon médecin est un bon allié dans ces moments difficiles. Il ne portera aucun jugement à votre égard. Il sera là pour vous écouter attentivement, comprendre vos souffrances, et vous épauler le temps que vous trouviez un dénouement au problème posé.

Un autre facteur, qui pourrait jouer en votre faveur, c'est l'entourage. En l'occurrence, votre conjoint devrait vous donner un coup de main. Les enfants aussi

à leur niveau. N'oublions pas que les parents à la retraite pourraient aussi vous apporter un soulagement.

De toute façon, ne restez pas seul face à vos souffrances, car c'est là le plus grand danger !

Enfin, la foi joue un rôle essentiel dans ces moments délicats. Elle vous donnera l'espoir, puis la force pour surpasser vos difficultés actuelles.

Chapitre II

Les bonnes habitudes

Les bonnes habitudes font partie de l'hygiène de vie. C'est l'ensemble des pratiques qu'on adopte pour garder son organisme en bon état, car celui là est appelé à fonctionner pour plusieurs dizaines d'années.

Dormir bien et suffisamment reste une bonne habitude qu'il faut essayer de garder pour préserver le bon fonctionnement de son organisme. Marcher quotidiennement, ne peut que faire du bien pour nous. Éviter l'alcool et le tabac, et tout excès même s'il s'agit de l'alimentation sont des bonne pratiques qui contribueront à notre bien être.

Le sommeil et la santé :

Dormir est essentiel pour notre organisme, c'est grâce au sommeil que le corps recharge ses batteries. Cela fait du bien au cerveau, ainsi qu'à la mémoire.

Notre sommeil reflète bien l'état de notre esprit dans laquelle nous sommes. Cela veut dire: Quand nous dormons facilement, nous profitons de notre nuit, et tout le corps y trouve son compte. Cette facilité montre qu'on a pas de souci et que tout va bien.

Par contre, lorsque nous trouvons des difficultés à avoir du sommeil, et que cela peut prendre quelques heures, c'est la preuve qu'on a des problèmes, ou qu'on souffre de dépression.

Donc, le sommeil et notre état d'esprit sont étroitement liés.

Quant à la quantité du sommeil à avoir, elle dépend de chacun d'entre nous et de l'effort physique et intellectuel fournis dans la journée. Mais en général, notre organisme a besoin d'une bonne huit heure de sommeil chaque nuit.

Par contre, pour une raison ou une autre, il serait préférable de faire une sieste pour compléter le déficit du sommeil, ou tout simplement reposer son corps et son esprit.

Selon les idées reçues la sieste n'est bénéfique que pour les bébés ou les personnes âgées. Faux, elle l'est aussi pour les adultes. Elle n'est pas non plus destinée qu'aux personnes vivant dans les pays chauds, mais aussi pour celles aussi qui vivent dans les pays froids.

Marcher quotidiennement :

Si vous pouvez pratiquer un sport, tant mieux pour vous, mais si vous ne pouvez pas il vous reste la marche. Pour cela, pratiquez cette activité au moins trente minutes et cela chaque jour. ce sera un bonheur pour la circulation sanguine et la santé cardiovasculaire, mais aussi pour brûler à peu près 300 kilo de vos calories.

Elle vous aidera à chasser le sang qui a du mal à circuler en le chassant vers le haut des jambes après chaque pas effectué.

La marche, vous apprendra à avoir de l'endurance et à ne pas s'habituer à la paresse entraîné par l'utilisation quotidienne de la voiture.

Autre raison, l'effet de marcher, tranquillement, vous donnera l'occasion de réfléchir et de méditer le monde autour de vous.

Éviter l'alcool et le tabac :

La consommation de l'alcool et du tabac nuisent à la santé, car petit à petit ils abîment votre corps et le tue à petit feu.

En plus de problème d'addiction qui peut avoir sur le consommateur, mais aussi sur le foie, l'alcool s'avère aussi plus dangereux s'il est ajouté aux problèmes de tabagisme. Là, ce n'est pas le système cardiovasculaire qui en danger, en plus des cancers de foie, et des poumons, mais aussi le problème posé sur l'efficacité des médicaments pris par les patients habitués à l'alcool et au tabac.

L'addiction pour l'alcool et l'accoutumance sont déjà un problème à part entier pour le consommateur de ces deux produits.

Prenez soin de votre foie :

C'est un organe très important, glande endocrine, annexé au tube digestif, qui synthétise de nombreux glucides, la plupart des protéines et de nombreux lipides dont le célèbre cholestérol. Le foie secrète la bile et transforme l'ammoniaque (issue de la destruction des protéines) en urée. Enfin le foie joue un rôle essentiel dans la coagulation du sang : il synthétise la prothrombine, facteur important que l'on surveille au cours des traitements anticoagulants. De nombreux examens de laboratoire permettent de surveiller le bon état du foie, en particulier : transaminases (des enzymes), gamma G-T (une enzyme), phosphates alcalines (d'autres enzymes) et bilirubine (un pigment jaune).

Le foie est très souvent mis en cause (crise de foie) dans les troubles digestifs ordinaires qui relèvent, en fait, d'excès alimentaires, en particulier lipidiques et alcooliques. Un régime alimentaire destiné à améliorer le bon fonctionnement du foie doit-être riche en protéines et en glucides.

Les autres fonctions du foie:

Le foie a de multiples fonctions, parmi lesquelles :

a) La sécrétion de la bile.
b) Le stockage du fer.
c) Le stockage de certaines vitamines.
La synthèse de protéines plasmatiques (l'albumine, les facteurs de coagulation II, V, X, IX).
e) Le stockage du glycogène.
f) La synthèse des triglycérides et du cholestérol.
g) L'épuration plasmatique par excrétion des substances toxiques.
Comme vous pouvez le constater, votre foie effectue un travail merveilleux pour vous permettre de rester en bonne santé.

En contrepartie vous devez le ménager, notamment en suivant les conseils suivants :

- Abandonnez les plats gras, surtout le soir, et choisissez plutôt de dormir léger.
- N'abusez pas du chocolat.
- Évitez l'alcool.
- Mangez des artichauts crus ou cuits, car ils sont de bons alliés pour votre foie.
- Si vous pouvez, jeûnez de temps en temps ; cela ne peut que faire du bien à votre foie en particulier, et à votre organisme en général.
- Restez fidèle envers votre conjoint, afin de le préserver, ainsi que vous même, des maladies sexuellement transmissibles, qui attaquent aussi le foie.

Maintenant, comment faire pour nettoyer votre foie ?

Buvez le matin, à jeun, de l'eau de noix de coco verte pour ceux qui vivent dans les pays tropicaux. Autrement un jus de citron frais est recommandé. Sinon un verre d'eau tiède à jeun et n'avalez rien d'autre pendant une demie heure.

Pour ceux qui vivent en Afrique, une tisane le soir à base de kinkeliba ou de combretum est aussi bénéfique.

Pensez à ces petits conseils et prenez soin de vous.

Chapitre III

L'alimentation et la santé

L'alimentation est un élément essentiel pour une bonne santé de notre corps. Pour que cette alimentation soit bonne, elle doit être variée et équilibrée par ses fibres, ses minéraux, ses vitamines, et son apport hydrique. N'oublions pas aussi l'équilibre entre les glucides, les protéines et les lipides.

Concernant les vitamines, elles sont des substances chimiques apportées par l'alimentation. Elles sont nécessaires à notre organisme.

Les principaux vitamines :

Elles sont comme suit :

La vitamine A : Elle est nécessaire à la vision, surtout nocturne, et aussi à la croissance de l'enfant. Les aliments qui contiennent la vitamine A sont : Carotte, chou-fleur, citron, tomate, l'huile de foie de morue, lait, œuf.

Les vitamines B : Elles sont présentes dans le foie, les céréales en graines, et le lait.

B1 : Indisponsable au bon fonctionnement du système nerveux et des muscles.

B2 : Utile à la protection de la peau et des muqueuses

B3 : Protège la peau et le système nerveux

B6 : Necessaire aux cellules nerveuses et à la formation des cellules du sang

B9 : Utilisée dans la synthèse des acides nucléiques

B12 : Entièrement nécessaire à la formation des cellules du sang, et particulièrement à celles des globules rouges.

La vitamine C : présente dans les fruits frais acides (citrons, oranges, tomates, cresson, salade) et dans la viande fraîche. C'est un important facteur de défense contre les agressions.

La vitamine D : apportée par les graisses animales (lait, beurre, jaune d'œuf, huile de foie de morue). Elle est surtout fabriquée par l'organisme sous l'influence des rayons du soleil. Cette vitamine permet la fixation du calcium au niveau des os.

La vitamine E : présente dans la viande, le foie de bœuf, les salades vertes, les graines de céréales, et surtout l'huile de germe de blé. Elle favoriserait la reproduction (la fécondité), et protégerait les cellules.

La vitamine K : Elle intervient dans le processus de coagulation du sang et dans la calcification des tissus mous. La vitamine K est aussi fabriquée par les bactéries présentes dans l'intestin.

Les meilleurs sources de la vitamine K sont : Les légumes vertes (épinards, choux de Bruxelles, brocoli, asperge, laitue boston, haricots verts, petits pois), et le kiwi.

Les aliments qui nous procure la santé peuvent aussi nuire à cette dernière, c'est le cas lorsque nous mangeons trop et de façon régulière, car cela ne sert à rien, et de toute manière l'organisme ne prend que dont il a besoin réellement et le reste il le stocke comme graisses. A long terme, ces dernières sont capables de nous causer des dégâts, à savoir le diabète et les maladies cardiovasculaires. Dans ce sens, la science a découvert la relation entre l'estomac et les maladies.

Pour résoudre ce problème, il vaut mieux ne manger que lorsqu'on a fin, cela veut dire éviter de grignoter entre les repas, et quand on mange, il est préférable de ne pas se rassasier complètement.

L'estomac reste un organe essentiel par lequel les aliments transitent, et pour cette raison il est utile de parler des recherches actuelles et qui découvrent cette relation entre lui et le reste du corps.

La relation entre l'estomac et le cerveau :

Dans un article paru dans le journal *20 minutes* du vendredi 25 mai 2012 sous le n°2267, et intitulé : « Le mystérieux dialogue du ventre et du cerveau » il est question de la relation entre le cerveau et l'intestin, qui contient les mêmes neurones que l'encéphale. Des chercheurs ont la conviction que les 200 millions de neurones, qui tapissent les parois de notre intestin, dialoguent en permanence avec ceux du cerveau. Ainsi des maladies cérébrales, comme le Parkinson, trouveraient même leur origine dans le colon.

En réalité, ces découvertes, que l'on doit à l'avancée de la science et de la recherche, ne font que prouver et confirmer la véracité et la validité des hadiths du prophète de l'islam, Mohammed, que le salut et la bénédiction soient sur lui. En effet, ce dernier avait déjà annoncé, il y a 15 siècles : « Le ventre est la source des maladies ».

A cette époque, le roi d'Égypte avait offert au Prophète, que le salut et la bénédiction soient sur lui, les services de l'un de ses célèbres médecins. Il souhaitait que ce dernier soigne les musulmans. Mais à l'arrivée de ce médecin, le messager d'Allah l'avait gentiment remercié dans ces termes: « Nous sommes un peuple qui ne mange que s'il a faim et s'il mange c'est sans excès ». De retour en Égypte, le médecin dit aux siens : « J'ai trouvé chez eux toute la médecine ».

Dans un autre hadith, il est dit : « Jamais le fils d'Adam n'a rempli de mal un récipient comme il le fait avec son ventre. Pourtant quelques bouchées lui suffisent pour se maintenir. S'il ne peut en être autrement, qu'il réserve un tiers (de son estomac) pour sa nourriture, un tiers pour sa boisson et un dernier tiers pour sa respiration ». Ces propos montrent que le ventre, essentiellement par la suralimentation ou une mauvaise alimentation, reste l'origine des maladies.

Certes, Mohammed, que le salut et la bénédiction soient sur lui, n'était ni médecin ni chercheur. Il était Prophète, en tant que tel il recevait la révélation de Celui qui connaît tout, puisque c'est Lui le Créateur qui connaît le moindre détail sur le fonctionnement de Sa création.

Cela est vrai pour le jeûne qui est n'est pas simplement un bon moyen pour entretenir l'estomac, mais aussi pour une bon hygiène de vie. La preuve, les recherches actuelles vont dans ce sens.

Le jeûne : une bonne hygiène de vie et un moyen de thérapie :

Pour les croyants, les vertus thérapeutiques du jeûne ne font aucun doute, et cela depuis quatorze siècles. Le Prophète, que le salut et la paix soient sur lui a dit : " Jeûnez, vous serez en bonne santé ", rapporté par Al Boukhari. Dans un autre un hadith, il a dit : " Je te conseille le jeûne, car il n'y a rien en comparaison "; rapporté par Tabarany. Il a dit aussi : " Le jeûne est une protection ". Rapporté par Al Boukhari et Mouslim. Il a dit dans un autre endroit : " L'estomac est le refuge des maux, le jeûne est leur traitement ", rapporté par Ahmed, Abou Daoud, et Tirmidy.

Allant dans ce sens le journal *20 minutes* du jeudi 19 septembre 2013, n° 2520 a publié un article intitulé : " Les vertus thérapeutiques du jeûne font débat ". Dans cet article, l'auteur évoque la sortie du livre du Thierry de Lestrade : " Le jeûne, une nouvelle thérapie ? " Le même jour, en soirée, cet écrivain et journaliste présentait avec sa consœur Sylvie Gilman un documentaire qui abordait le même thème. Les deux journalistes évoquaient des expériences en cours en Russie, en Europe, aux États Unis, et en Australie, où médecins et chercheurs étudient les résultats remarquables sur les patients.

Par contre, en France l'observation est très différente, car tout simplement la médecine ne s'y intéresse pas. Néanmoins, les choses doivent changer dans les années à venir, car il y a de plus en plus de personnes qui veulent exposer l'idée du jeûne comme moyen de thérapie.

Concernant les bienfaits du jeûne sur l'organisme, et toujours selon le journal *20 minutes*, les dernières publications de l'équipe américaine du Professeur Valtor Longo montrent que de courtes périodes de jeûne sont aussi efficaces que la chimiothérapie pour lutter contre certains cancers chez la souris.

Pour ma part, et sans aucune prétention de ma part puisque je m'inspirais uniquement des enseignements de notre prophète, j'ai souvent conseillé le jeûne à des amis quand ils perdaient, par exemple, des grandes quantités de sang lors du passage à la selle. En plus des pertes sanguines, ces amis présentaient probablement des symptômes de cancer du côlon, mais ils n'étaient pas prêts à franchir le pas pour une coloscopie, à cause de la gêne qu'elle représente. Après des périodes de jeûne régulières et discontinues les pertes de sang et les symptômes ont disparu petit à petit !

Pour conclure, je dirai que l'Islam n'a prescrit aux gens que des choses qu'ils peuvent supporter et qui ne leur apportent que du bien.

Chapitre IV

Les bienfaits des aliments sur l'organisme

Les aliments et leurs diversités nous permettent de nous nourrir, de nous apporter plaisir et régale. Mais aussi ils servent à nous guérir le cas échéant, ou tout simplement à nous protéger en jouant leurs fonctions de prévention.

Par contre, nous avons choisi, en plus, de montrer la grande richesse de ces différents aliments en citant leurs usages domestiques, et aussi artisanaux, car nous avons jugé utile de faire connaître aux lecteurs un savoir-faire ancestral qui commence à se perdre avec le temps.

L'ail : un allié pour votre cuisine et votre santé

En latin il s'appelle Allicum et fait partie de la famille des liliacées. En arabe il s'appelle « Thawm ». On l'emploie beaucoup pour relever la cuisine. Autrefois, il était connu dans les pays du bassin méditerranéen , mais aujourd'hui il est utilisé dans presque tous les pays du monde. En France, c'est dans le midi qu'il est le plus employé.

Ses Propriétés :

C'est un antibactérien, un antibiotique, un antimycosique et un expectorant, mais surtout c'est un cardioprotecteur hypolipémiant ; qui baisse le taux du mauvais cholestérol le LDL et augmente le bon le HDL, et aussi un hypotenseur.

Comme nous venons de le constater, l'ail est bon pour votre cuisine, et surtout pour votre santé, mais il vous pose sûrement le problème de la mauvaise haleine, alors que faire pour s'en débarrasser et profiter de ses bienfaits ?

Lavez-vous abondamment la bouche et les dents, puis utilisez un cure dent siwak. Vous pouvez, aussi, utiliser une brosse à dents et un dentifrice et surtout n'oubliez pas de la passer sur la langue. Vous pouvez aussi compléter par un bain de bouche.

Vous avez aussi la possibilité de mâcher les feuilles de persil, car cette plante agit comme un capteur et un destructeur de mauvaise odeur jusque dans l'estomac.
Pour les personnes qui n'aiment pas le persil, elles peuvent mâcher les feuilles de la menthe qui sont aussi efficaces pour chasser la mauvaise odeur.

Les multiples bienfaits de l'aloe vera

L'aloe vera s'appelle aussi aloès ou également lys du désert. Il appartient à la famille des liliacées (comme l'ail, la ciboulette, l'oignon, l'asperge, la tulipe et le lys).

C'est une plante qui, à l'état naturel, pousse dans des endroits sablonneux et calcaires, dont le sol est semi-désertique avec un climat chaud et sec. C'est le cas des environs de Fès, ma ville natale, où elle pousse naturellement et en grande quantité. D'ailleurs on l'appelle au Maroc « Sabra » en raison de l'utilisation de ses feuilles pour la fabrication de la soie végétale. Elle est originaire d'Afrique et connue depuis longtemps au Moyen-Orient.

Ses bienfaits sont connus depuis l'époque des Égyptiens, mais ce sont les Arabes qui ont commencé à la commercialiser pour ses usages externes et internes. Puis ce serait les Espagnols qui auraient apporté les premiers plans en Amérique. Elle connaît un regain d'intérêt dans le monde depuis que les Américains ont redécouvert ses bienfaits il y a une dizaine d'années.

Une véritable mine d'or :

L'aloe vera se présente sous la forme d'une plante arborescente et mesure entre 60 et 80 cm de hauteur. Au centre de ses feuilles on trouve une pulpe épaisse qui est une gelée très précieuse et recherchée pour ses bienfaits multiples, car elle contient plus de 200 éléments dont 80 nutriments. Ainsi elle renferme les vitamines A, B1, B2, B3, B6, B9, B12, des minéraux, des acides aminées, des enzymes, etc...

Ses bienfaits :

a- Nutritifs : c'est un très bon complément nutritionnel pour le rééquilibrage de l'organisme surtout pour les personnes qui souffrent de carence en vitamines, acides aminées et minéraux.

b- Digestifs : elle permet une bien meilleure digestion des aliments, grâce aux nombreuses enzymes qu'elle contient, et aussi la régularisation du transit intestinal ralenti.

c- Dermatologiques : en raison de ses effets bactéricides, hémostatiques, antiseptiques cicatrisantes, anti-brûlures et anti-inflammatoire. Il a aussi une action hydratante, protectrice et adoucissante. De plus il nourrit la peau en profondeur et l'embellit.

d- Cosmétiques : il est utilisé dans plusieurs produits tels que les shampoings, les crèmes solaires, les sticks et les rouges à lèvres, les déodorants, les crèmes hydratantes pour la peau, etc... Il favorise le rééquilibrage ou la réparation du pH cutané, ainsi que la desquamation (élimination) des cellules mortes de l'épiderme. Grâce à cela l'organisme réagit naturellement en fabriquant de nouvelles cellules, qui donnent à la peau un aspect jeune.

Pour illustrer l'un des bienfaits de cette plante, je citerai l'exemple de mon oncle qui perdait ses cheveux. Il décida de tenter d'y remédier en recourant à la gelée de l'aloe vera, qu'il cueillait aux alentours de la ville de Fès. Le résultat fut très impressionnant : au bout de quelques temps il réussit non seulement à stopper la chute de ses cheveux, mais il finirent aussi par repousser.

Alors si vous avez un jardin et si vous bénéficiez des conditions climatiques requises, n'hésitez pas à le planter. Vous ne regretterez pas cet investissement, que vous rentabiliserez largement en termes d'économies et de bien-être.

Les bienfaits de l'anis

La plante de l'anis est répandue dans le bassin méditerranéen. Elle facilite la digestion et expulse les gaz des intestins. On peut dire que c'est un véritable bactéricide intestinal.

La banane, un excellent et agréable fruit même pour les bébés !

Allah a dit à son sujet : " Et les bananiers chargés de fruit du sommet jusqu'en bas ". Sourate 56, verset 29.

La banane est un fruit très bon pour la santé.

— Il est fort en potassium, qui est un minéral essentiel qui assure plusieurs fonctions vitales dans l'organisme ; c'est un électrolyte. Entre autre, il est nécessaire pour la transmission des impulsions nerveuses. Il l'est aussi pour les contractions musculaires y compris celles du cœur (réduire les crises cardiaques). - Il contribue au bon fonctionnement des reins.

- Il est riche en vitamine A,B 6, B 9, C, et E, en hydrate de carbone, phosphore, calcium, magnésium et cuivre.

- Il est riche en fer, ce qui est bon pour les personnes qui souffrent d'anémie.Il est bon les brûlures d'estomac (un anti-acide naturel).

- Il agit contre les nausées matinales des femmes enceintes.

- Il agit, aussi, contre les ulcères d'estomac en réduisant l'hyperacidité et l'irritation.

- Grâce à sa teneur en fibres, elle améliore le transit à condition d'être consommée souvent, (comme le cas du riz).

- Il vous aiderait à stopper la cigarette, grâce notamment à sa vitamine B 6, et à condition de le consommer régulièrement..

- Contre les piqûres d'insecte en frottant la zone touchée par la peau intérieur de la banane.

Ce fruit à une particularité, c'est d'être accepté facilement par l'enfant en raison de son goût agréable. C'est le cas de la banane écrasée à la fourchette, et qui est un aliment précieux dans le premier et le deuxième âge de l'enfance.

Comme nous avons vu, la banane offre un des plus beaux exemples de la puissance de la guérison contenue dans nos aliments.

Le beurre, un aliment à consommer avec modération

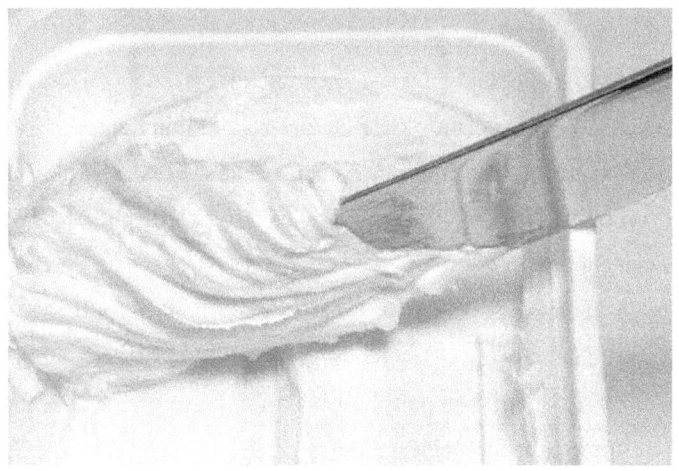

Le beurre contient environ 80% de lipides. Un gramme apporte environ 8 calories. Alors, c'est un aliment très riche qui doit être utilisé raisonnablement : une mauvaise habitude consiste à le manger plusieurs fois dans la journée. Il est contre indiqué en cas d'excès de lipides dans le sang, et bien entendu dans les régimes amaigrissants. Le beurre contient à peu près 30% d'acides gras saturés, source importante de cholestérol.

Donc, il recommandé de ne pas cuisiner avec du beurre, et de le remplacer par l'huile d'olive, ou du colza, ou du tournesol, qui par contre font baisser votre cholestérol dans le sang.

Notons que le beurre n'a pas que des côtés négatives, car il fournit au corps son apport de vitamine D, qui est à l'origine de la fixation de la vitamine C sur les os, mais dans ce domaine le soleil reste une source majeure par excellence.

Le citron et ses multiples usages

Le citron est un agrume et fruit du citronnier. Son arbuste est planté dans pas mal des pays du monde. Ses usages sont multiples :

En cuisine, il vous apporte sa richesse en vitamines C. Il peut remplacer le vinaigre, pour les personnes soufrant des reins, mais aussi équilibrer les goûts des aliments et les régimes, contrairement aux autres sauces qui vous font grossir.

Dans le domaine de la santé et de la phytothérapie, il peut vous apporter pas mal de confort. Par exemple, en gargarisme, il est recommandé contre les maux de gorge : mettez dans un jus de citron, une cuillerée à café de miel. En plus, si vous buvez ce jus, il vous fera du bien à votre foie, qui est considéré comme votre centre anti-poison.

Pour les gingivites, massez les gencives avec du jus. Son jus est très efficace, aussi, pour faire passer les crises du hoquet.

Autre bienfait, il adoucit la peau : coupez un citron en deux, puis frottez doucement les parties rugueuses de votre corps pendant quelques minutes.

Contre les piqûres des insectes, appliquez un morceau du citron à l'endroit piqué et vous verrez que cela calmera la démangeaison au bout de quelques minutes.

Pour l'entretien de la maison, le citron peut vous aider, à ôter le vert de gris du cuivre ou du bronze, mais aussi à faire briller un cuivre terni, et astiquer votre vaisselle en inox. Il est aussi efficace pour détartrer vos robinets, mais aussi pour nettoyer et désodoriser vos W.C, et laver vos surfaces en verre et éliminer les traces.

Comme vous le constatez, le citron a de multiples usages. De plus, il est facile à trouver sur les marchés tout au long de l'année.

Les dattes, fruit aux bienfaits méconnus

Les dattes ne sont consommées en grande quantité et tous les soirs que durant la période du mois de Ramadan, car leurs valeurs nutritionnelles sont encore méconnues de la plupart des gens.

Pour avoir une idée précise, je vous présente ceci par des chiffres :

Valeurs nutritionnelles moyennes pour 100g (environ une douzaine de dattes)

Énergie : 309 kcal ou 1310 kj
Protéines : 2,3g
Glucides : 70,6g
Lipides : 0,2g
Fibres alimentaires : 7,9g
Sodium : 0,02g

Comme vous pouvez le constater, les glucides représentent 70,6g et c'est une bonne chose, car c'est le carburant pour vos tissus musculaires y compris ceux de votre cœur. Les fibres alimentaires représentent 7,9g, ce qui facilite le transit intestinal. Par contre, les lipides ne représentent que 0,2g, ce qui est bénéfique, car vous ne risquerez pas de grossir en mangeant des dattes. Quant au sodium, son rôle principal est la répartition de l'eau dans votre organisme.

Les dattes vous offrent aussi des minéraux et des oligo-éléments en quantité importante. Elles en contiennent entre 1,5 et 1,8%, soit deux à trois plus que dans les fruits frais.

Les dattes, un aliment complet :

Le Prophète, que le salut et la bénédiction a vu juste lorsqu'il a commandé au croyant de rompre leur jeûne par des dattes : « Si l'un de vous veut rompre le jeûne, qu'il le fasse avec des dattes parce qu'elles sont une bénédiction et s'il n'en trouve pas, qu'il le rompe avec de l'eau, parce qu'elle est une purification » Rapporté par Abou Daoud et Attirmidi.

Il a raison aussi lorsqu'il dit dans un autre hadith : « Une maison où il n'y a pas de dattes est une maison dont les habitants sont affamés ». Rapporté par Ahmed, muslim, Abou Daoud, Attirmidi et Ibn Maja.

D'ailleurs c'était la nourriture préférée du Prophète, que le salut et la bénédiction soient sur lui. A ce sujet Orwa a rapporté que Aïcha, qu'Allah l'agrée, a dit : « Par Allah mon neveu, nous pouvions observer la nouvelle lune, puis la nouvelle lune, puis la nouvelle lune, trois nouvelles lunes qui faisaient en somme deux mois et le feu ne s'allumait pas dans la maison du Messager d'Allah. Je dis alors : Mais ma tante, de quoi viviez-vous alors ? Elle dit : De deux choses, les dattes et l'eau. Mais le Messager d'Allah avait des voisins parmi les « Ansars » qui possédaient des bêtes et ils envoyaient de leur lait au Messager d'Allah et nous nous en abreuvions ». Rapporté par Al Boukhari et Mouslim.

Les dattes sont encore plus bénéfiques pour les femmes :

Le Prophète, que le salut et la bénédiction soient sur lui, a dit : « donnez à manger à vos femmes des dattes, la femme qui en mange, donne naissance à des enfants d'une nature bienveillante ». Rapporté par Al Boukhari, Muslim et Abou Daoud.

Quant à leurs bienfaits sur l'accouchement, le Coran a dit à propos de Marie : « Puis les douleurs de l'accouchement l'amenèrent vers un tronc de palmier, et elle dit : Malheur à moi ! Que ne suis-je morte avant cet instant ! Et que ne suis-je totalement oubliée ! Alors Il l'appela d'au dessus d'elle : Ne t'afflige pas. Ton Seigneur a placé à tes pieds une source. Secoue vers toi le tronc du palmier, il fera tomber sur toi des dattes fraîches et mûres. Mange donc et bois, et que ton œil se réjouisse ! Sourate Marie, versets 22 à 25.

Après quatorze siècles, la science est venue confirmer cette recommandation pour la femme enceinte. En effet, on a découvert que de l'ocytocine était présente dans les dattes et que cette hormone, secrétée par l'hypophyse juste avant l'accouchement, facilitait la naissance en stimulant les contractions de l'utérus pendant l'accouchement.

J'espère qu'après avoir lu cela vous changerez d'avis et que vous mangerez des dattes tout au long de l'année, et non pas uniquement pendant la période du Ramadan.

Le fenugrec, une graine en or !

Les romains le cultivaient déjà pour nourrir leur bétail et leurs chevaux, d'où son nom latin « foenum-grecum » qui signifie « foin grec ». En arabe, il s'appelle « Al Halba ».

Ses propriétés :
La graine de fenugrec est un bon stimulent du métabolisme, qui aide à réguler et à stabiliser le diabète et l'hypotension artérielle. Elle combat l'anémie par sa forte teneur en fer. Elle est riche en vitamines, sels minéraux et protéines. Elle purifie le sang, fortifie le lait maternel et stimule l'appétit. Sa grande richesse en glucides et en protides font du fenugrec une plante médicinale exceptionnelle dans les cas de dénutrition.

Voies d'administration :
a) Voie orale :

Vous pouvez prendre le fenugrec sous forme de graines avec un verre d'eau, en ne dépassant pas le nombre de dix, car il est considéré comme un médicament. Vous avez aussi la possibilité de les moudre et de les prendre en poudre. Dans ce cas faites-les griller légèrement avant de les moudre et cela afin de supprimer leur amertume.

b) Voie cutanée :

Pour les inflammations cutanées, faites un cataplasme avec les graines moulues et placez-le sur la zone affectée.

Les précautions à prendre :

Le fenugrec est considéré comme une plante médicinale, de ce fait il est prudent de ne pas prolonger le traitement interne au delà d'une semaine. Par conséquent, il est préférable de l'interrompre pendant une semaine, puis de le reprendre pendant une autre semaine. Quant aux femmes enceintes, elle devront s'abstenir, comme c'est le cas pour la plupart des médicaments.

Son prix :

Il n'est pas élevé. En France 100g de fenugrec vous coûteront environ 1,5 euros et au Maroc la même quantité vous coûtera aux alentours de 2 dirhams. Vous pouvez ainsi constater que cette graine en or est extrêmement économique par rapport à ses bienfaits.

Le figuier, un fruit par lequel Allah a juré !

Allah a cité le figuier dans le Coran en disant : " Je jure par le figuier et l'olivier ". Sourate 95, verset 1. Alors si Allah a juré par le figuier, c'est que ses fruits sont très bénéfiques pour l'être humain.

- Les figues sont très riches en oligo-éléments, riches en vitamine C, et contiennent la vitamine A. Elles sont riches en fibres, et aussi en magnésium et en potassium
- La teneur des figues en calories, en vitamines et en minéraux se rapprochent beaucoup de celle des dattes.
- Les figues sèches sont très énergétiques, et c'est pour cette raison qu'elles sont très recommandées pour les sportifs, les athlètes et les enfants.
- Elles sont bénéfiques pour la stimulation de la sécrétion de la bile, et des fonctions mécaniques et sécrétoires de l'intestin.
- Chez les bronchiteux, elles constituent un bon expectorant.
- Le lait des figues est utilisé pour faire partir les verrues. D'ailleurs, je l'ai testé sur ma fille, et cela était radical !

Le Prophète, que la paix et le salut soient sur lui, a dit : " Si je disais qu'il y a un fruit qui provient du paradis, je dirais que c'est la figue parce qu'elle est sans noyau. Mangez-en, car elle guérit les hémorroïdes et bénéfique contre la goutte ". (Rapporté par Abou Addardae).

La grenade, le maître des fruits, à juste titre

La grenade, ou "Arroummane" en arabe, a été citée dans le Coran trois fois. Nous vous citons l'un de ces trois versets : " C'est Lui qui a crée les jardins treillagés et les jardins non treillagés, les dattiers, et la culture aux produits divers ; l'olive et la grenade semblables et pourtant différentes. Mangez de ces fruits lorsqu'ils fructifient, et acquittez-en les droits le jour de la récolte. Mais pas d'outrance : Il n'aime pas les outranciers ". Sourate 6/les bestiaux, verset 141.

Le Prophète, que le salut et la paix soit sur lui a dit à son sujet : " La grenade est le maître des fruits ".

La grenade est un fruit riche en vitamine C, mais il contient également les vitamines B, une quantité non négligeable de fer, ce qui est bénéfique notamment pour les femmes enceintes. Il contient aussi des fibres, qui facilitent le transit intestinal. C'est aussi une puissante source d'antioxydants. Ces derniers luttent contre les risques de maladie cardio-vasculaire, ce qui favorise son rôle d'hypotenseur. Les antioxydants sont aussi utiles pour freiner le vieillissement des cellules, et par conséquent ils retardent l'apparition des rides et des cheveux blancs. La grenade améliore la circulation sanguine au fil du temps. Résultat, la libido s'améliore pour les hommes et les femmes, et les problèmes des troubles de l'érection disparaissent petit à petit chez les hommes grâce à ce fruit, qui joue ainsi le rôle de "viagra" si l'on peut dire.

Quant à la façon de la prendre, vous pouvez la consommer telle qu'elle est avec graines et pépins. Sinon, vous pouvez transformer les graines en jus en utilisant un moulin à légumes. Cette méthode est pratique pour les enfants et les personnes âgées. Le jus de grenade est efficace contre la toux persistante.

Cependant, il n y a pas que les graines de la grenade qui sont bénéfiques, il y aussi les arilles qui enveloppent ces graines.Il sont bénéfiques pour l'haleine, les dents (contre le jaunissement),les gencives et l'estomac.

Concernant l'écorce de la grenade, elle joue aussi son rôle. Durant mon enfance passée à la ville de Fès, j'ai appris des choses intéressantes pratiquées par les anciens et que je voudrais partager avec vous. Il s'agit donc des diverses utilisations de l'écorce :

- Quand vous mangez des grenades, conservez leur écorce, mettez-les dans un plateau après les avoir lavées, puis exposez-les au soleil jusqu'à ce qu'elles sèchent, puis pilez-les et gardez-les en poudre dans un bocal. Cette poudre mélangée à du miel, et prise sous forme de boulette le matin à jeun sert à soulager les douleurs des hémorroïdes. Ce mélange est bon aussi pour l'estomac et la digestion, la prostate, l'intestin grêle et le côlon, et sert à lutter contre la diarrhée.

- Cette poudre séchée peut aussi être ajoutée au henné, ce qui permet de renforcer sa couleur, de bien la fixer pour plus longtemps et aussi de fertiliser les cheveux et de les tonifier.

- L'écorce séchée peut aussi être utilisée dans la préparation des escargots comme plat délicieux et thérapeutique.

- Vous pouvez aussi mettre cette écorce séchée dans une bassine d'eau chaude, mélangée à la pierre d'alun ou à l'écorce de chêne séchée, ("Dbagh" en arabe), ce qui permet de réparer pieds abîmés et crevassés.

- L'écorce séchée peut enfin servir au tannage de la soie, de la laine, et les peaux d'animaux. Dans ce dernier cas, autrefois les gens l'utilisaient pour avoir de belles peaux d'animaux après le sacrifice d'Al Aid El Kebir.

Mais attention, l'utilisation de l'écorce par voie orale n'est pas recommandée pour tout le monde. Elle est à proscrire pour les femmes enceintes, tout simplement parce qu'elle a des propriétés vermifuges, ce qui signifie qu'elle a le pouvoir de tuer les verts intestinaux et la ténia.

Quant à la conservation de la grenade, choisissez les plus belles, puis laissez-les dans un endroit sec et à l'abri de la lumière si vous voulez les consommer après plusieurs semaines. Mais si vous voulez les garder pendant plusieurs mois, conservez-les dans le réfrigérateur. Vous pouvez aussi les conserver dans des cartons en mettant de la paille entre les grenades pour une longue conservation.

Avec tous ces bienfaits, vous pouvez aisément constater que la grenade mérite très largement son titre de " maître des fruits " !

La laitue, un bon somnifère naturel pour les insomniaques

La laitue, n'est pas tout simplement une salade, comme le pense la plupart des gens. Elle est très riche en vitamines et oligo-éléments : Vitamines du groupe B, vitamine C, magnésium, fer (surtout pour les femmes enceintes), iode, potassium, zinc, cuivre.

Elle est recommandée aux personnes constipées, puisqu'elle est riche en fibres et en eau.

Manger de la laitue au repas du soir facilite le sommeil chez les insomniaques, car elle contient des traces d'une substance proche de l'opium, mais sans en avoir les effets toxiques.

Concernant la laitue, le Prophète, que la paix et le salut soient sur lui, a dit à son sujet : " Mangez de la laitue, elle amène le sommeil, et aide à la digestion ".

Le lait est bénéfique pour tous les âges

Personne ne peut contester la première place qui occupe le lait dans le monde, et surtout celui de la vache, parmi les aliments d'origine animale. Plus que tout autre produit, il réalise une synthèse de tous les éléments nutritifs, sels minéraux, oligo-éléments, vitamines et facteurs de croissance dans des proportions harmonieuses.

Pour montrer la grande valeur nutritive du lait, rappelons qu'un litre contient 35 g d'albumine (4 œufs), de 30 à 40 g de corps gras (45 à 47 g de beurre), 50 g de sucre de lait ou lactose (10 à 12 morceaux de sucre), 7 g de sels minéraux, des vitamines A, B, C, D, E, K, des oligo-éléments et des facteurs de croissance.

Les bénéfices du lait pour la femme enceinte et la maman :

Le fœtus prélève du corps maternel tous les matériaux nécessaires à sa croissance. Donc, pour ne pas subir notamment un déficit de ses sels minéraux et surtout calcaires au niveau du squelette et des dents. Dans ce cas, la maman a besoin du lait, qui est riche en calcium et acide phosphorique, et par conséquent sert à protéger les dents de la mère et permet ultérieurement une dentition normale chez l'enfant.

D'autre part et concernant les capacités mentales du futur enfant, le Prophète, que le salut et la paix soient sur lui a dit : « *Donnez à boire du lait à vos femmes enceintes car il augmente l'intelligence de l'enfant.* »
Quant aux besoins quotidiens, ils sont aux alentours de ½ à ¾ de litre par jour.

Les bénéfices pour l'enfant :

L'enfant est plus fragile que l'adulte. C'est pour cette raison, il faut être vigilant au sujet du lait. Ce dernier doit être très propre et bien conservé. Dès l'ouverture, il faut le mettre au réfrigérateur.

Le lait cru reste, en général, préférable, car la chaleur altère les protides et aussi d'autres facteurs énergétiques. Cependant, on a du mal à se procurer du lait cru sans faire très attention. D'autre part, certains pédiatres préconisent chez le nourrisson le lait bouilli de préférence au lait cru.

Le lait permet de protéger les enfants contre le rachitisme, et aussi les adolescents contre le rachitisme tardif.

Les bienfaits pour les personnes âgées :

Le squelette de la personne âgée présente souvent des signes de décalcification. Cette ostéoporose prédispose aux fractures et aux déformations, par exemple le dos voûté ou courbé. La personne âgée a besoin précisément d'une quantité suffisante de vitamines et de sels minéraux pour assurer la solidité de son squelette et de ses ligaments.

Un demi litre de lait par jour peut lui apporter ces éléments et l'aider à se défendre contre un grand nombre de maladies.

Les effets thérapeutiques du lait complet :

L'albumine du lait est supérieur en qualité à toutes les autres matières protéiques. Dans toutes les maladies à catabolisme (dégradation) protidique accentué, par exemple les infections, la convalescence. Le lait et les laitages constituent la nourriture de recharge idéale pour l'organisme. On connaît la valeur curative du lait dans certains ulcères gastriques ou duodénaux. Sans doute par les acides gras polyinsaturés contenus dans la crème, le lait possède une action trophique (nourrir les tissus) sur la peau. Par sa richesse en vitamines, sels minéraux, enzymes et oligo-éléments, il est utile chez les carencés. Un régime composé uniquement d'un litre de lait par jour fait disparaître les œdèmes chez certains cardiaques décompensés (insuffisance cardiaque).

Le lait dans le Coran les hadiths du Prophète :

Le noble Coran dit du lait : « *Vous trouverez un enseignement dans vos troupeaux. Nous vous abreuvons de ce qui, dans leurs entrailles, se trouve entre le chyme et le sang : un lait pur, facile à boire.* ». Sourate les Abeilles/16, verset 66.

Le Prophète, que le salut et la paix soient sur lui, a dit à son sujet :
« *Dans le lait de vache, il y a des bénéfices, aussi si vous le pouvez, buvez-en.* »
« *La viande et le lait font pousser la chair, renforcent les os et la chair, et augmentent l'ouïe et la vue.* »

On demanda au Prophète, que le salut et la paix soient sur lui : « *Est-ce que nous nous médicamentons ?* » Il répondit : « *Oui ! médicamentez-vous. Allah, qu'Il soit*

Béni et Exalté, n'a pas descendu de mal qu'il n'ait descendu un remède. Prenez du lait de vache car il provient de tous les types de végétaux. »

Il disait : « *Le lait frais est profitable pour celui dont l'eau du dos est affaiblie* (le sperme). »

Le Messager d'Allah, que le salut et la paix soient sur lui, a dit : « *Un Prophète avant moi s'était plaint à Allah de la faiblesse de son corps. Allah lui inspira : « Fais cuire de la viande et du lait parce que J'y ai placé la force et la bénédiction. »*

Les lentilles, une mine de fer !

Les lentilles font partie des légumineuses, à savoir des légumes secs. Beaucoup de personnes les délaissent, car elles les considèrent à tort comme un plat de pauvres, alors qu'elles sont source de protéines, de minéraux, et surtout de fer.

A leurs sujet, le prophète, que le salut et la paix soient sur lui, a dit : " Vous devez manger des lentilles, car elles sont bénies et sanctifiées. Soixante dix prophètes les ont bénies, le dernier d'entre eux est le prophète Jésus fils de Marie ".

Il a dit dans un autre hadith : " Elles sont la nourriture des purs Élus ".

Elles ont aussi des bénéfices d'un point de vue moral, car elles sont un remède à l'orgueil, comme l'a indiqué le prophète, que la paix et le salut soient sur lui.

D'un point de vue plus concret et diététique, en hiver, les lentilles sont un bon plat de résistance contre le froid, puisque elles réchauffent le corps.

Elles sont riches en fer que je recommande aux personnes fatiguées, anémiées et aux femmes qui allaitent, car elles favorisent la lactation.

La présence des fibres en grande quantité dans les lentilles permet aussi une bonne régulation du transit intestinal.

Elles sont également pauvres en graisses, ce qui pourrait intéresser les personnes qui ne veulent pas à prendre du poids.

Enfin, j'attire votre attention sur le fait qu'il est inutile de cuisiner les lentilles avec de la viande, comme le font beaucoup de personnes, car elles sont déjà riches en protéines. Cette richesse pourrait faire d'elles un excellent aliment notamment pour les personnes végétariennes.

L'oignon magique !

Introduction :

Allah, le Très Haut, la cité l'oignon dans le coran en disant : " Et (rappelez-vous) quand vous dîtes : " Ô Moïse, nous ne pouvons plus tolérer une seule nourriture. Prie donc ton Seigneur pour qu'Il fasse pousser, de ses légumes, ses concombres, son ail, ses lentilles et ses oignons ! ".

L'oignon est l'un des légumes les plus anciens sur terre. Il a été utilisé par les Égyptiens. A cette époque, lors de la construction des pyramides, il fut également l'une des plantes les plus utilisées pour protéger les ouvriers des maladies contagieuses.

Les valeurs nutritives :

Dans 100 g d'oignon sec, les valeurs nutritives sont les suivantes : Calories : 38 ;

Protéines : 1,5 g ; Glucides : 9 g ; Cholestérol : 0 g ; Matières grasses : 0,1 g ; Fibres : 0,6 g ; Phosphore : 56 mg ; Calcium : 27 mg ; Fer : 0,5 mg ; Sodium : 10 mg ; Potassium : 157 mg ; Magnésium : 12 mg ; Vitamine A : UI ; Vitamines B1 : 0,03 mg ; Vitamine B2 : 0,2 mg ; Vitamine B3 : 0,2 mg ;Vitamine B6 : 0,1 mg ; Acide folique : 10 mg ; Vitamine C : 10 mg ; Vitamine E : 0,3 mg.

L'oignon et les dernières découvertes :
Des chercheurs ont trouvé que l'oignon contient un composant " Le disulfure de d'allyle " qui contribue à augmenter un enzyme contre le cancer " glutathion S-Transférase ". D'autres récemment ont découvert que l'oignon, dépasse le médicament de " Fosamax " qui lutte contre l'ostéoporose, et qui est considéré comme l'un des produits les plus innovants dans ce domaine. En fait, les os contiennent deux catégories de cellules : la première reconstruit, tandis que l'autre détruit ; les deux travaillent de façon équilibrée. Le fosamax bloque l'activité des cellules destructives et qui s'appellent " L'ostéoclaste ".

La même chose est réalisé par l'oignon, qui réduit l'activité des cellules qui détruisent les os, mais sans des effets indésirables, (Nausées, vomissements, aérophagie, douleurs abdominales, brûlures d'estomac, ballonnements, flatulences, diarrhée ou constipation …).

L'oignon et le cœur :
L'oignon est considéré comme " une pharmacie " qui regroupe des composants utiles pour le corps, et surtout ceux qui donnent cette odeur mauvaise ! Les principaux composants sont les " Sulfites, sulfoxydes, et les thiosulfinates ". Dans ce sens, l'oignon protège le cœur, en gardant la fluidité du sang, et en empêchant la formation des caillots dans le sang en détruisant le " mauvais " cholestérol. Il protège de durcissement et de rétrécissement des artères coronaires. L'autre composant s'appelle " La quercetine ", qui réduit les réactions allergiques ; le risque d'asthme ;

l'inflammation ; et prévient les maladies cardiovasculaires.

L'oignon et les autres utilisations :
C'est un puissant diurétique recommandé dans les cas de cystite, de l'ictère, et des rhumatismes articulaires. Il est bon aussi contre la chute des cheveux. Dans ce cas, faire bouillir un oignon dans de l'eau. Laisser refroidir et frictionner le cuir chevelu. Comme vous venez de le constatez, l'oignon est un produit aliment médicament qui ne peut que vous faire du bien ! En plus de cela, il n'est pas cher et on le trouve tout au long de l'année. Et pour terminer, nous citons cet hadith du Prophète, que le salut et la paix soient sur lui, au sujet de l'oignon : « Quand vous arrivez dans un pays, mangez y des oignons, ils vous en épargneront les maladies ».

La pastèque, le rubis de l'été

La pastèque est appréciée pour son goût rafraîchissant et sa capacité de désaltérer, surtout quand il fait très chaud.

Elle est riche en lycopène, qui est un puissant antioxydant et qui fait partie de la famille des caroténoïdes. Il prévient l'inflammation et empêche la formation de certains types de cellules cancéreuses, surtout de la prostate.

La pastèque contient aussi de la citrulline d'acide aminé qui stimulerait la dilatation des vaisseaux sanguins et aurait la même action que le viagra. Dans ce cas, il serait conseillé d'en consommer régulièrement pour les hommes qui souffrent de problème d'érection.

Elle est riche en vitamine C (stimuler le système immunitaire) et contient de la vitamine A (la vision, la croissance, la régulation du capital génétique, ...).Sa consommation ne fait pas grossir, puisque elle est constitué à 92% d'eau. Il est donc diurétique, ce qui permet de détoxiquer les reins et le foie.

Quant aux effets secondaires, un abus peut conduire la personne plus souvent aux toilettes. Pour certains, elle est mal tolérée, ce qui peut provoquer des maux de ventre, puisque la pastèque fait partie de la nourriture de type froid. Pour y remédier, il faut l'accompagner avec des dattes, qui sont de type chaud pour trouver l'équilibre. Dans ce sens, il est rapporté que le Prophète Mohammed, que le salut et la paix soient sur lui, mangeait de la pastèque avec des dattes et il disait : « Ceci est une correction pour elle ».

le riz, un aliment presque parfait !

Le riz après le blé est l'aliment le plus consommé dans le monde, et cela sous toutes ses formes et sous toutes ses couleurs. Il appartient à la famille des féculents. Il est source de protéines végétales et contient des glucides complexes. Ces derniers sont libérés progressivement dans l'organisme et fournissent de l'énergie au corps au fur et à mesure de ses besoins. C'est la raison pour laquelle le riz est un aliment qui ne fait pas grossir !

Il est riche en vitamines, notamment B (B1, B3, et B6), ainsi qu'en minéraux, tels que le magnésium, le phosphore, le potassium, le fer, etc... Il offre aussi un bon équilibre entre protéines, lipides, et glucides.

Il est très riche en amidon, de ce fait c'est un excellent aliment pour les personnes souffrant de gastrite. Il permet de lutter contre la déshydratation, puisque l'amidon a la propriété de réduire les pertes d'eau par l'organisme.

Le riz est également un allié pour réguler le transit au quotidien, que ce soit la constipation ou la diarrhée. Boire son eau est bonne pour ces derniers symptômes, de même que pour l'entérite.

Enfin c'est un allié pour les personnes qui souffrent de la maladie de coaliaquie, et qui ne tolèrent pas le gluten contenu dans le pain, ainsi que le seigle, l'orge, ou l'avoine.

Pour la cuisson, plus elle est "al dente", (pas trop cuit), plus elle est meilleure pour l'organisme ainsi que pour la glycémie, car on met plus de temps pour le digérer.

Pour conclure, précisons qu'il vaut mieux consommer du riz complet.

Les bienfaits et les méfaits du sel

Le sel de cuisine est le chlorure de sodium. De la teneur en sel dépend donc le volume des lipides circulant et l'hydratation d'une grande partie du corps. De ce fait, le sel a des avantages et des inconvénients.

Avantages :
Il contribue à l'équilibre hydrique du corps afin d'assurer son bon fonctionnement et il est essentiel pour donner du goût aux aliments que nous mangeons.

Inconvénients :
Le sel a des inconvénients s'il n'est pas consommé avec modération. Il peut provoquer des pertes rénales en calcium, ce qui veut dire un risque d'ostéoporose. Il risque, surtout d'augmenter la tension artérielle ; et engendrer par la suite des maladies cardio-vasculaires. Il peut aussi favoriser la rétention d'eau et la formation des œdèmes avec prise du poids.

Notons aussi que les plats cuisinés, que vous achetez, sont trop salés et cela pour deux raisons : d'abord, le sel retient de l'eau et par conséquent augmente le poids des aliments. Ensuite un plat salé vous pousse à manger davantage, et même à boire des boissons gazeuses.

Enfin, pour éviter tous ces problèmes, adoptez les résolutions suivantes :

- Ne pas mettre la salière à table
- Remplacez le sel par les épices et le citron par exemple
- Privilégiez des plats préparés chez soi.

Pour conclure, on recommande de réduire le sel dans tous les régimes destinés à lutter contre une hypertension et un excès en poids.

Les vertus du thé vert

Parce que notre corps assimile bien ses différents composants (phosphore, cuivre, potassium, vitamines A, B, C, E, K …), le thé vert aide à rester en forme. Il a, en outre, des bienfaits sur l'organisme qu'on peut résumer ainsi :

— C'est un bon remède contre les coups de fatigue passagère. Grâce à sa richesse en polyphénols, à sa théine et ses tanins, le thé vert ralentit les sensations de fatigue. Ses effets stimulants sont doux et se libèrent peu à peu, au cours de la journée. Cette bonne disponibilité est due à l'association de la théine avec d'autres composants comme la catéchine, qui a une action régulatrice.

- Il aide à mincir. Ses composants diurétiques et dépuratifs (oligoéléments, vitamines, fibres …) luttent contre la rétention d'eau, facilitent l'élimination des toxines et des graisses, et permettent de brûler davantage de calories.

- Il fortifie l'émail des dents. Riche en fluor, il prévient les caries et combat la mauvaise haleine. Pour plus de fraîcheur, diluez du thé dans de l'eau, et utilisez ce mélange pour vous rincer la bouche.

- Il vous offre un plein de vitamines. Non seulement une tasse de thé vert contient plus de vitamine C qu'une orange, mais en plus, il est riche en vitamines A, B, E et K.
- Combien de tasses faut-il boire ? Pour une action amincissante, boire quatre à cinq tasses, ou verres, par jour suffisent.

Comment le consommer ? En sachet ou en boîte ? En sachet, c'est plus facile à doser. Par contre, il vaut mieux acheter un thé de qualité et de grande marque. Sinon, achetez-le en vrac ou en grande boîte. Cela vous reviendra moins.

Comment le boire, sucré ou pas ? Sans hésiter, il faut le boire sans sucre pour ne pas gâcher sa saveur et ses bienfaits, mais aussi pour éviter les effets nocifs du sucre sur l'organisme.

Enfin, pour conclure, on peut ajouter de la menthe au thé. Cela lui donne un goût de fraîcheur, ce qui est bien agréable, surtout en été.

Le thym, votre allié qui vous fait du bien

Si on a un jardin, il vaut mieux penser à cultiver du thym. Très simplement, parce qu'il est utilisé pour la santé, comme pour la cuisine. C'est un antibiotique naturel, son infusion peut s'employer pour le nettoyage des plaies.

Aussi, il est excellent pour la sinusite, les bronches, les intestins : colites. D'ailleurs, c'est un bon moyen pour faciliter la digestion et réduit les gaz intestinaux

Il a aussi d'autres propriétés comme :
- L'action contre les bactéries, les virus, et les mycoses

- L'augmentation du taux des globules blancs

- L'effet de calmer la toux

Mais, faites attention ! Ne pas employer trop souvent le thym, si on de la tension oculaire ou en terme médical la glaucome.

La verveine et ses vertus

Elle a une odeur agréable. En infusion, elle facilite la digestion, calme les nerfs. elle facilite les menstruations, calme les douleurs et les névralgies.

Elle est recommandée pour soulager les coliques des bébés. Elle l'est aussi, pour relaxer le corps et faciliter le sommeil.

Vous pouvez utiliser la verveine séchée, mais celle qui est fraîche est encore meilleur, car elle garde toute sa saveur.

Conclusion

Nous espérons que le contenu de ce livre vous donnera une autre idée sur l'alimentation. Nous espérons aussi que les bienfaits des aliments que nous avons cité permettront de vous soulager, et même vous guérir dans certains cas. Néanmoins, suivez les conseils de votre médecin, car lui, il vous connaît mieux quiconque.

Oui, je veux morebooks!

I want morebooks!

Buy your books fast and straightforward online - at one of the world's fastest growing online book stores! Environmentally sound due to Print-on-Demand technologies.

Buy your books online at

www.get-morebooks.com

Achetez vos livres en ligne, vite et bien, sur l'une des librairies en ligne les plus performantes au monde!
En protégeant nos ressources et notre environnement grâce à l'impression à la demande.

La librairie en ligne pour acheter plus vite

www.morebooks.fr

VDM Verlagsservicegesellschaft mbH
Heinrich-Böcking-Str. 6-8　　　　　　　　　　　info@vdm-vsg.de
D - 66121 Saarbrücken　　　Telefax: +49 681 93 81 567-9　　www.vdm-vsg.de

www.ingramcontent.com/pod-product-compliance
Lightning Source LLC
Chambersburg PA
CBHW020810160426
43192CB00006B/514